Ursula Bruns

So sind Ponys

Mit 48 Photos
von Dirk Schwager

Albert Müller Verlag
Rüschlikon-Zürich
Stuttgart · Wien

Bildnachweis: Seiten 21 und 36 R. Löbl, Seite 37 U. Bruns, Seite 58 L. Gast.

So sind Ponys

Lohnt es sich, in einer eigenen Bildfolge darzustellen, wie Ponys sind? Ist nicht Pferd gleich Pferd – mal etwas kleiner, mal etwas größer? In der Tat könnte man das von einigen Robustpony-Rassen größerer Maße bei oberflächlicher Betrachtung annehmen: an einem warmen Julitag, wenn das Haar fein und glatt ist. Doch bereits im September würde auch der Laie anders denken, vom Januar ganz zu schweigen: dann hat das Pferd seinen Stall bezogen, das Pony aber trägt den seinen als Pelz mit sich herum...

Im September war es, als vor einem Dutzend Jahren eine neue Mitarbeiterin beim Anblick unserer Ponyherde konsterniert feststellte: «Die sehen ja alle gleich aus!» Denn sie sah nur *Herbsthaar*, sperrig, grob, verwuselt – lang und dicht in Schweif und Mähne, kurz und dicht am ganzen Körper –, sah vor lauter Schopfhaar keine Augen, sah unterm langen Behang die Fesseln nicht. Eines dieser Zottelwesen erstand sie für sich selber, einen Fuchs mit heller Mähne, der Stjarni hieß (13).

Nach einiger Zeit erkannte sie ihn an seiner ausgeprägten Farbe in der Herde seiner buntfarbenen Kameraden. Immer prägen sich einem zuerst die lebhaften, entschiedenen *Farben* unserer Robusten ein: zumal der scharfe Kontrast zwischen Kurz- und Langhaar, der sie von den meisten Großpferderassen unterscheidet. Da gibt es Mausgraue mit schwarzem, dunkelgrauem, gelblich gesprenkeltem oder weiß durchsetztem Langhaar, Schimmel mit schwarzem, rötlichgrauem oder gelblichem, Füchse mit rotem, weißem oder stichelfarbenem, Braune mit gelbschwarzweiß-meliertem, rötlichem oder schwarzem Langhaar. Schecken und Getigerte kommen recht häufig vor. Es gibt schwarze Ponys, die im Winter ein silbernes Fell, helle Ponys, die nach dem Haarwechsel ein dunkles Fell zeigen. Bei den Stallpferden herrschen nach Jahrhunderten menschlicher Beeinflussung wenige Farben vor: Braune sind in der Überzahl, es folgen Füchse, Rappen, wenige Schimmel. Setzt man etwa wegen gewünschter Eigenschaften einen braunen Hengst in der Zucht stärker ein, bevorzugt man dazu braune Stutenlinien, so ändert sich in einigen Generationen oft das Farbbild ganzer Rassen. Ohne auf die sehr komplizierte Farbvererbung einzugehen, nenne ich nur die dunkelbraunen Oldenburger, die schwarzen Friesen, die dunkelbraunen Nonius. Unsere Robusten sind Jahrtausende lang bei der Partnerwahl sich selbst überlassen geblieben; es gibt alle nur denkbaren Farbschattierungen bei ihnen. Unter den Fullah (25) des Tschad fand ich außer dem dargestellten Kakaobraunen mit weißen Flecken und weißer Stichelung auch zwei- und dreifarbene Schecken mit sehr bunt gemischtem Langhaar; die argentinischen Criollos gelten für besonders schön, wenn sie zu dieser Farbigkeit auch noch blaue Augen haben.

Länge und Dichte der Haare sowie kontrastierende Farben geben also den ursprünglichen Robustrassen schon auf den ersten Blick ein eigenes Aussehen. Beträchtliche Größenunterschiede innerhalb der Rassenskala treten hinzu: sie reichen von den 60 cm des liebhaber-gezüchteten Zwergponys bis zur stattlichen 150-cm-Größe des schottischen Garrons. Haflinger etwa (21) sind doppelt so groß wie manche Shettys (14); der Isländer (15) ist «haariger» als der Basuto (28). Wie ist es zu diesen äußeren Rassenmerkmalen gekommen?

Vereinfachend gesagt, gibt es unter den frei, halbfrei oder in loser Verbindung mit dem Menschen lebenden Ponys dieser Erde zwei grundsätzlich voneinander verschiedene Arten: die der nördlichen und die der südlichen Erdhälfte. Die Unterarten vor allem der nördlichen Rassen einmal beiseite lassend, zählen wir zum Oberbegriff der nördlichen die Connemaras, Dales, Dülmener, Exmoor, Fell, Gotland, Haflinger, Highland, Huzulen, Isländer, Konik, New Forest, Norweger, Shetländer, Welsh, Mongolen u.a.m. Den südlichen Robusten rechnen wir alle Araber in ihren Heimatländern, die ihnen verwandten Berber, Fullah, Dongola, Togo, Basuto in Afrika, alle indischen, javanischen und malayischen Ponys, die Criollos und ihre lateinamerikanischen Verwandten u.a.m. zu. Die gleich ins Auge fallenden, also gröberen Unterschiede sind klimatisch und abstammungsmäßig bedingt. Es ist klar, daß ganzjährig im Freien lebende Rassen – und um solche handelt es sich bei den aufgezählten – sich nahe am Polarkreis mit einem anderen Fell schützen müssen als nahe dem Äquator! So haben denn die Robusten des Nordens ein rauheres, dichteres Fell, das zweimal jährlich einem radikalen Wechsel unterworfen ist. Sehen sie im Sommerfell noch so glatt aus wie Stallpferde, so legen sie sich im Herbst ein struppigeres Fell zu, das gegen den Winter ein richtiger Pelz wird. Fohlen dieser Gruppe werden mit einem dichten Flaum geboren (40); ein wolliger «Überzug» schützt sie im ersten Jahr vor Regen, Kälte und Frost (43).

Die Robusten warmer oder gar heißer Länder wechseln ihr glattes Haar zwar ebenfalls, aber oft kaum merkbar. Ihr Langhaar ist weniger dicht, aber hart und strähnig; das Kurzhaar weist nicht selten eine fast metallische Beschaffenheit auf.

Natürlich wäre es dilettantisch, ein Pferd mit kürzerem Haar für «edler», das mit schützendem längerem Haar für «unedler» zu halten. Solche menschlich-modischen Begriffe gibt es in der Natur nicht; in ihr herrscht Zweckmäßigkeit vor. Die Shetlandstute (14) muß auf den wind- und regengepeitschten Shetlandinseln im Atlantik durch wuchernden Haarwuchs geschützt werden, der Berber im heißen Marokko (24) ist dagegen von der Last einer schweren Mähne befreit. Doch zeigt der struppige Islandhengst im Herbstkleid (31) nicht weniger Entschlossenheit und Temperament als der Basutohengst (30) der heißen Zonen im Kurzfell. Temperament und Gehwillen, Wachsamkeit und Intelligenz sind nicht an die Länge der Haare gebunden; das Prädikat «edel» ist nur persönlich anzuwenden; es gebührt der nordischen Stute (54) ebenso wie dem südlichen Hengst (28); das jähe Aufmerken durchzuckt den von der Mähne umloderten Isländer (33) ebenso wie den ramsnasigen, großäugigen Fullah (22) oder den New Forest im kurzen Sommerfell (26). Nur der Unwissende und Oberflächliche läßt sich von solchen Äußerlichkeiten ablenken oder hält gar ein herausgeputztes Schaupferdchen, das vor lauter innerer Unrast nervös herumtänzelt, für schöner als den simplen Robusten, der gelassen und ruhig seine Kräfte spart, bis er sie – vom Menschen zur Mitarbeit gefordert (21), bei der Verteidigung der Herde, auf der Flucht – in einem Maße einsetzt, das dem Schönling fremd ist.

Gewiß haben auch wir versucht, unsere Porträtierten schön zu photographieren und anzuordnen; doch wurde die Schönheit aus den Eigentümlichkeiten der jeweiligen Rasse heraus gesehen und lenkt den Blick des Betrachters stets auf die inneren Charakteristiken des porträtierten Ponys hin.

Zwei typische Eigenschaften sind es da, die bei allen Abgebildeten auffallen: eine tiefe, auf den Betrachter übergreifende Ruhe und eine frappante Wachheit. Beide können einander in halben Augenblicken ablösen: aus kraftschöpfender Ruhe wird im Nu angespanntes Aufmerken. Ihre Fähigkeit, etwa in sommerlich-schläfriger, fliegendurchsummter Stille aus einem Zustand satter Trägheit auf Umweltsreize zu reagieren, die der menschliche Betrachter meist weder hört noch sieht noch fühlt, ist phänomenal. Beobachtet man sie genau und mit Ausdauer, dann gelingt es einem gelegentlich, den Moment zu erfassen, in dem die erschlafften Muskeln sich spannen, die Ohren vorkippen, der Hals sich strafft, im Auge eine Spur von Weiß aufblitzt. Sofort ist entschieden, ob Gefahr droht oder nicht; ob weitere Wachsamkeit oder gar Flucht erforderlich ist, ob man wieder ins Dösen zurücksinken kann...

Dieses Dösen mit kaltblütigem Phlegma zu verwechseln, hieße den Vorgang gründlich mißverstehen. Die robusten Ponys aller Breiten sind vom Menschen weniger abhängig als ihre Vettern, die in geschützten Ställen vor vollen Krippen stehen. Sie halten seit Urzeiten allein den Widrigkeiten ihres Lebens stand (ein paar Generationen auf der Weide hinterm Haus ändern daran wenig). Alle die geruhsam weidenden, die wartenden, schlafenden oder uns ansehenden Ponys unserer Bilder sind im Freien geboren. Als Fohlen neben der erfahrenen Mutter nahmen sie Wind und Sturm, Regen und Schnee als etwas Natürliches hin; neben der Mutter stapften sie durch das Laub im Wald, zwischen den Dornbüschen der Steppe, über den heißen Sand der Wüsten, den Sumpf der Moore hin; im Schutz der Mutter schliefen sie vertrauensvoll ein, ließen sich von ihrem Schweif die lästigen Fliegen verscheuchen, ihre Fohlen-

8

nasen beschnupperten im Schutz der mütterlichen Flanke alles, was fremd war und erwittert werden mußte. Von der Mutter und den übrigen Artgenossen lernten sie, Gefahr zu erkennen und sich richtig zu verhalten.

Aus der ihnen angeborenen Erfahrung vieler Vorfahr-Generationen «wissen» sie, daß es dabei auch Unabwendbarkeiten gibt, gegen die kein Aufbegehren nützt, in die man sich ergeben muß, um jene Kräfte zu sparen, die dringend zum Überleben gebraucht werden. Vom Augenblick der Geburt an weiß das Basutopony (23), das Berberpferd der Wüste (24), daß es gegen die senkrecht herabbrennende Sonne nur eines gibt: still auszuhalten, bis es am Abend kühler wird – weiß das Connemarapony (20), daß man vor Irlands Regenschauern nicht davonlaufen kann, sondern wartet, daß sie wieder aufhören – lernen die Ponys des kalten Nordens, der mongolischen Steppe, im Schneesturm kräftesparend still zu stehen und darauf zu warten, daß seine kalte Wut sich legt und sie die Eisklunker aus dem Fell schütteln und mit den Hufen ein wenig Gelbgras für den knurrenden Magen freischarren können. Genau so «weiß» das Shetlandfohlchen mit dem gebrochenen Bein, daß der Verband unabänderlich ist und man ihn hinnehmen und sich an seine Steifheit gewöhnen muß (42, 43); unvergeßlich bleibt mir die rührende Bedächtigkeit, mit der das hundekleine Wollbüschel den Gips aufsetzte oder sich damit niederließ.

Die Natur, die ihnen den Instinkt zur Gelassenheit mitgab, versorgte sie zum Schutz mit allerfeinsten Alarm-Antennen. Seit zwanzig Jahren besitze ich einen heute achtundzwanzigjährigen Islandwallach, Sóti (52), der auf der Weide vor dem Menschen flieht. Er ist nie unfreundlich behandelt worden, hat nie viel arbeiten müssen, keine bösen Erfahrungen gesammelt. Er ist einfach übervorsichtig und kann über seine eigene, angeborene Scheu nicht weg. Die Bauern meiner Heimat pflegen ein scheues Pferd dadurch zu überlisten, daß sie ihm ruhig ein Stück Brot darbieten und – sowie das Maul am langgestreckten Hals sich darauf niedersenkt – blitzschnell mit der Hand hochfahren und ein Büschel Haare packen. Jeder, auf dessen Weide Sóti in seinem langen Leben Gastrecht genoß, versicherte mich der Unfehlbarkeit

9

dieser Methode; doch keiner hatte Erfolg damit. Das scheinbar phlegmatisch dastehende Tier spürte schon die *Absicht* wie einen elektrischen Schlag und zuckte zurück, noch ehe die menschliche Hand recht in Bewegung war! Nur diese Witterung der «Gefahrenwellen» und das unfaßbar schnelle Reagieren darauf erhielt die gegen die Gefahren des Wildlebens hilflosen Ponys bis heute am Leben.

Alle diese Andersartigkeiten der Robustponys müssen wir verstehen lernen, ehe wir uns richtig in ihre Gesichter einsehen können. Erst wenn wir die allgemeinen Eigentümlichkeiten kennen, können wir das Besondere erfassen. Jetzt erst, nachdem wir die Ursachen von Größe und Farbe, die Gebärden der Ruhe oder des Aufbegehrens, den Sinn des dichten oder glatten Felles ganz selbstverständlich in die Betrachtung mit einbeziehen, entdecken wir darüber hinaus die Einzelpersönlichkeiten. Stjarni (13) legt den Kopf stets um eine Nuance schräg, kippt die Ohren in einem bestimmten Neigungsgrad vor (und seine Besitzerin erkennt ihn heute in der Herde schon von weitem, wenn sie nur eine dieser Ohrenspitzen sieht); Logi (15) ist gleichfalls ein Wallach, gleichfalls ein Isländer, schaut gleichfalls den Photographen an: doch welch ein anderes Pferd! Haarig ist sowohl die Shetlandstute (14) wie der Berberhengst (17), doch nun erkennt schon der Laie die dichtere Mähne beim «nördlichen», ihre strähnigere, winddurchlässigere Beschaffenheit beim «südlichen» Pony. Und wie verschieden äußern sich Wachsamkeit und Neugier beim Berberhengst und der Dülmener Stute (16)! Jedes einzelne Tier ist eine Persönlichkeit für sich.

Ausgeprägter als bei den meisten Stallpferden ist auch die Mütterlichkeit der Ponystuten. Weder Arzt noch Pfleger kümmern sich im Normalfall um sie; kein Kraftfutter nimmt ihnen die zusätzliche Mühe der Nahrungssuche für zwei ab. Sie müssen allein mit Geburt und Babypflege, mit Füttern, Anlernen und Beschützen ihres Fohlens fertig werden. Der Drang zur Pflege des Jungen, Hilflosen, das da mit einemmal vor ihnen liegt, hat sich in unendlichen Zeiträumen allmählich in ihrer Art entwickelt und von Generation zu Generation verstärkt, da jeweils nur jene Fohlen überlebten, die am besten gepflegt, am reichlichsten genährt und am intensivsten beschützt wurden, und die dieses Verhalten ihrer Mütter später wiederholten. (In der Dülmener Wildherde, in der der Mensch sich nicht in die Katastrophen des Lebens im Freien einmischt, gehen im Frühjahr viele Fohlen zugrunde. Dabei ist die Sterblichkeit am größten unter den Fohlen der vierjährigen Stuten, die erstmals Mütter wurden und ihr «Fach» noch nicht beherrschen.) Die Haflingerstute leckt noch nach fünf Stunden an ihrem Fohlen herum (36), reinigt After, Ohren, Augen und Mäulchen immer noch, wenn das Kräuselfell schon trocken ist; die Basutostute steht reglos in glühender Sonne, um den Schlaf ihres Fohlens zu hüten; mit nimmermüder Geduld wischt die New Forest-Stute mit dem Schweif die Fliegen vom Fohlengesicht.

Den natürlich lebenden Ponys dieser Erde, die inmitten von Artgenossen aufwachsen, ist eine gesündere Jugendzeit vergönnt als den meisten Stallpferde-Fohlen. Sie werden im Gestoße und Geschiebe der Herde unempfindlicher gegen Stoß und Berührung; sie können nach Herzenslust rangeln und raufen, rennen und springen (46–49), und wiederum ist das Ergebnis vom Porträt abzulesen: junge Kühnheit prägt die Gesichter der Hengstfohlen (47), Verträglichkeit und nasennahe Zärtlichkeit drückt die Gebärde der Jungstuten aus (44).

Zusammenfassend wissen wir nun, daß die Robusten stärker als die Stallpferde im Einklang mit sich selbst leben: fester den Traditionen und Entwicklungen der Jahrmillionen verhaftet, mit ihren Instinkten entschiedener auf Überleben und Gesunderhaltung der Art entwickelt sind. Was aber Gemüt und Sympathie des Betrachters vollends anrührt, ist ihr Einssein mit der Natur, in der sie leben (52–60). Wenn wir sie im flimmernden Licht eines Sommermorgens, im Frühnebel eines golden heraufziehenden Herbsttages, im sanften Wind des Nachmittags, im Wasser, im Wiesengras, auf der Waldlichtung stehen sehen, wenn am Abend die untergehende Sonne das Auge der friedlich Grasenden aufblinken läßt, vermögen auch wir Menschen beglückt wieder an jene heilere Welt zu glauben, die zu suchen wir lebenslang unterwegs sind.

Die abgebildeten Rassen: *Basuto:* 23, 28–30, 38, 49, 56. *Berber:* 17, 24. *Connemara:* 20, 35, 51. *Dülmener:* 16, 40. *Fullah:* 22, 25. *Haflinger:* 21, 36, 37. *Isländer:* 13, 15, 18, 19, 31–34, 41, 45–48, 52–55, 57, 59, 60. *New Forest:* 26, 27, 39, 44, 50. *Shetländer:* 14, 42, 43, 58.

Den Kopf mit der weißen Mähne ein wenig schief gelegt, verträumt,   13

14 die Nase am Boden, um zwischen Steinen noch einen Halm zu erschnuppern,

mit geöffneten Nüstern lässig unsere Witterung nehmend,

16   den Blick an uns vorbei auf offensichtlich Interessanteres gerichtet,

den Kopf am schön geformten Hals gebogen, in die Ferne spähend,   17

18   dem Geschehen auf der Weide zugewandt oder in sich ruhend,

stets intensiv mit eigenem Erleben in der eigenen Welt beschäftigt –

20   so kommen die Robusten aller Rassen sehr wohl ohne uns zurecht.

Zwar setzen sie ihre Kräfte willig für den Menschen ein, 21

22 folgen dem Druck der Reiterschenkel voller Feuer

oder warten in urzeitlicher Geduld   23

24   inmitten orientalischen Gedränges auf dem Markt im Atlas

oder im
dünnen
Schatten eines
Lehmhofes
im Sudan
darauf,

26   was wir mit ihnen wohl zu tun gedenken:

doch brauchen sie uns nicht; viel wichtiger als wir ist ihnen stets der Artgenosse, 27

28   ist der Blick vom Hengststall auf die Stutenweiden hin,

ist der Galopp im Paddock, der aufgestaute Kraft befreit, 29

30   der Trab am Zaun entlang, schwungvoll, erwartungsvoll!

Der Gewalt des Triebes ist der Mensch nur Hemmnis, gegen das der Hengst sich wehrt.

32 Seine eigene Welt hält er im Blick: die unsere ist nur Beiwerk;

das Geschehen in seiner Herde weckt jähe Wachsamkeit, 33

34   der Stute hinterm Zaun zeigt er sich imponierend.

Trächtig geworden, ruht die Stute tief in sich –

36   als Mutter ist sie ganz dem Fohlen zugewandt, und nicht einmal

der Schöne mit der Mähnenpracht lenkt sie von ihren Pflichten ab. 37

38   Sie wacht geduldig überm Schlaf des Fohlens,

fegt unermüdlich mit dem Schweif die Fliegen fort, 39

40   und wittert sie Gefahr, bringt sie es eilig weg in Sicherheit.

Von der Mutter lernen es die Kinder: kosten zwischen Regengüssen
genießerisch die Sonnenstrahlen aus, 41

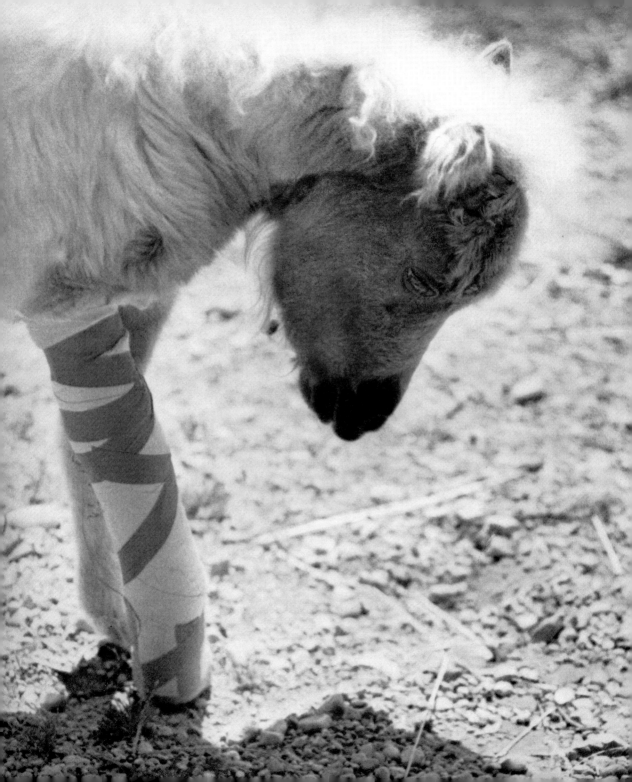

fügen sich geduldig ins Geschick,

44 sind verträglich, neugierig, im Rudel manchmal keck –

wo sie allein sich wie ein Bild an Bravheit geben.   45

46 Die jungen Hengste lassen keine zünftige Rauferei aus,

wenn ein Freund im gleichen Alter in der Nähe ist. Mähnen fliegen –

48 Schweife wirbeln lustvoll beim Gerangel,

und ein Zwicken in die Flanke gilt im Norden wie im Süden als neuer Raufbeginn. 49

50   Sie leben nasennah, vertraut seit ihren allerersten Tagen,

im Verband der Herde und vom Hengst bewacht. 51

52 Ponys, selbstbewußt, im Einklang mit der eigenen Natur,
Teil von Tag und Wiese

wie von Abend und von Baum. Wenn wir sie verstehen wollen,

54 müssen wir ihre Welt verstehen lernen, müssen Blatt und Nüstern,

Wind und Licht und Wald und sie darin als eins begreifen, 55

56   müssen die Haltung der Ergebung mit der Tropenhitze,

das Haar der Mähne und des Bartes mit dem Rispengras zusammensehen.

58 Im Morgennebel sehen wir sie im Bach erwartungsvoll dem Tag entgegenstapfen,

im sanften Glanz der Abendsonne, lichtbesprüht, die Nacht erwarten. 59

60 Sie sind zufrieden. Ihre Welt ist heil.